Angelika K

Weihnachtsträume

Ganz breite Fensterbilder aus Tonkarton

frechverlag

Von der bekannten Autorin Angelika Kipp sind im frechverlag zahlreiche weitere Kreativtitel erschienen. Hier eine kleine Auswahl:

TOPP 2654

TOPP 2633

TOPP 2553

TOPP 2615

TOPP 2616

TOPP 2595

Zeichnungen: Berthold Kipp

Fotos: frechverlag GmbH + Co. Druck KG, 70499 Stuttgart; Fotostudio Ullrich & Co., Renningen

Diese Buchmappe enthält: 4 Vorlagenbogen

Auflage:	5.	4.	3.	2.	1.	Letzte Zahlen
Jahr:	2004	2003	2002	2001	2000	maßgebend

frechverlag GmbH + Co. Druck KG, 70499 Stuttgart

ISBN 3-7724-2661-1 · Best.-Nr. 2661

Druck: frechverlag GmbH + Co. Druck KG, 70499 Stuttgart

Auf die Winter- und Weihnachtszeit freuen sich Groß und Klein, denn jetzt kann man draußen Ski- und Schlitten fahren und Schneemänner bauen. Die tief verschneite Landschaft lädt zum Träumen ein. Familie Bär zieht mit dem Schlitten durch den weißen Winterwald. Der Weihnachtsexpress bringt die Leckereien zum Fest zu den Menschen und ein Schneemanntrio vergnügt sich mit den Schlittschuhen auf dem zugefrorenen See. Der Weihnachtsmann macht sich mit Schlitten und Rentier schnell zu den Kindern auf, die gespannt darauf warten, welche Überraschungen der große Nikolaussack wohl für sie birgt. Zwei Engel bewundern einen festlich geschmückten Weihnachtsbaum, während die goldenen Kerzen die festlichen Räume erhellen und zur Gemütlichkeit beitragen.

Der Höhepunkt der Adventszeit ist das Weihnachtsfest, die Geburt des Jesuskindes. Die Hirten mit ihrer Herde sind die Ersten, die es begrüßen.

Die übergroßen Motive, die 70 cm breit sind, verschönern Ihre Wohnung auf stimmungsvolle und dekorative Weise und werden von allen Betrachtern von drinnen und draußen bewundert werden!

Eine besinnliche Advents- und Weihnachtszeit
wünscht Ihnen
Ihre Angelika Kipp

Material

- Tonkarton in Weiß, Vanille und Gold
- Transparentpapier
- Kleine spitze Schere
- Schneidemesser (Cutter) mit geeigneter Schneideunterlage
- Filzstift in Schwarz
- Weicher Bleistift (HB)
- Harter Bleistift (2 H)
- Weicher Radiergummi
- Lineal
- Lochzange
- Klebeband zum Aufhängen

Ausschneiden des Motivs
Zum Ausschneiden eines filigranen Motivs verwenden Sie am besten ein Schneidemesser (Cutter) mit der entsprechenden Unterlage. Damit können enge Schnittstellen im Inneren des Motivs mühelos ausgeschnitten werden.

Aufhängen des Motivs
Befestigen Sie das Motiv mit kleinen Klebestreifen an Ihrem Fenster.

Motivhöhe
Damit Sie sich die Größe der Fensterbilder vorstellen können, ist bei jedem Motiv dessen Höhe angegeben.

Viel Spaß beim Auswählen!

Schritt für Schritt erklärt

1 Wenn Sie sich für Ihr filigranes Lieblingsmotiv entschieden haben, legen Sie Transparentpapier auf das ausgewählte Motiv auf den Vorlagenbogen. Am besten fixieren Sie es mit Klebestreifen, damit es nicht verrutscht. Zeichnen Sie nun alle Linien des Motivs mit einem weichen, aber spitzen Bleistift auf dem Transparentpapier nach.

2 Anschließend wird das Transparentpapier vom Vorlagenbogen genommen, gewendet und auf den ausgewählten Bastelkarton gelegt. Zeichnen Sie mit einem harten spitzen Bleistift die Linien nochmals kräftig nach. Bei diesem Arbeitsgang wird der zuerst gezeichnete Bleistiftstrich von der Rückseite des Transparentpapiers auf den Bastelkarton übertragen.

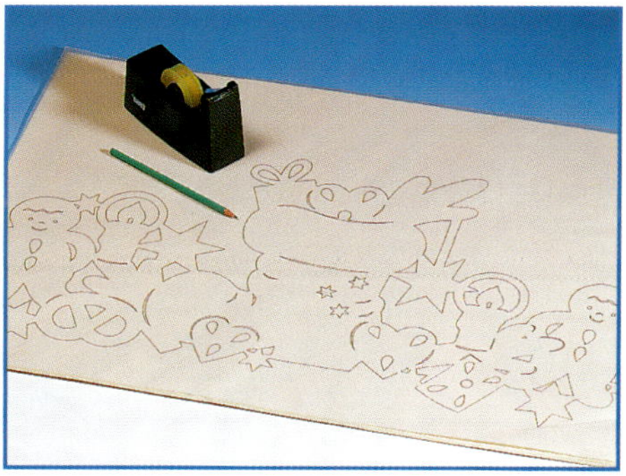

3 Nun können Sie das Motiv mit einem Schneidemesser ausschneiden; eventuell vorhandene Bleistiftstriche entfernen Sie mit einem weichen Radiergummi.
Wenn Sie das hier seitenverkehrt gezeigte Motiv wenden, entspricht es der Abbildung im Buch. Grundsätzlich können Sie jedes Tonkartonmotiv beidseitig verwenden.

Gegebenenfalls fixieren Sie auf dem Fensterbild mit Klebstoff einzelne Accessoires aus Gold wie z. B. Sternchen.

Wintersport

* * * * * * * * *

Fällt der erste Schnee, hält es kein Kind mehr im Haus. Der selbst gebaute Schneemann schaut den sportlichen Ski- und Schlittenfahrern zu.

* * * * * * * * *

Motivhöhe: ca. 34,5 cm

Der Weihnachtsexpress

Der Weihnachtsexpress fährt mit vielen Leckereien durch die wunderschön verschneite Landschaft. Die Goldsterne werden als Accessoires angebracht.

Motivhöhe: ca. 29 cm

Heute ist Nikolaustag!

Zum Nikolaustag hat der Nikolaus den Stiefel reichlich gefüllt.
Die Augen der Lebkuchenmänner werden mit der Lochzange ausgestanzt.

Motivhöhe: ca. 34,5 cm

Unterwegs zu den Menschen

So manches Kind drückt sich schon die Nase an der Fensterscheibe platt um nach dem Weihnachtsmann und seinen Rentieren Ausschau zu halten.
Die goldfarbenen Teile werden einfach auf das Motiv geklebt.

Motivhöhe: ca. 33,5 cm

Ausgerutscht!

Obwohl die Schneemänner mit vielen Arten von Wintersport sehr vertraut sind, kann beim Schlittschuhlaufen schon mal ein kleiner Ausrutscher passieren.

Motivhöhe: ca. 41 cm

Leben im ewigen Eis

* * * * * * * *

Trotz der eisigen Kälte sind die Eskimos hier zu Hause. Im Iglu vergnügt sich das kleine Eskimokind, während seine Geschwister Fische angeln.

Motivhöhe: ca. 29 cm

Motivhöhe: ca. 38,5 cm

Eine schöne Adventszeit

Schaukelpferd, Nussknacker, Tannenzweige, Lebkuchen und Nüsse verschönern die Adventszeit.
Diese stimmungsvolle Dekoration wird sicher von so manchem Besucher bewundert werden.

Winterspaziergang

✱ ✱ ✱ ✱ ✱ ✱ ✱ ✱

Beim Winterspaziergang durch den verschneiten Wald begegnen Papa und Sohn Bär einem Schneemann, der sich über die Abwechslung sehr freut.

Motivhöhe: ca. 23 cm

Wunderbare Weihnachtsstimmung!

Kerzen und Glocken sind von der Weihnachtszeit nicht wegzudenken. Sie erhellen und verschönern die Wohnung und strahlen Wärme und Geborgenheit aus.

Motivhöhe: ca. 32,5 cm

Eine verschneite Landschaft

* * * * * * * *

Das kleine Dorf schmiegt sich in die tief verschneite Landschaft. Der Hirsch scheint diesen Anblick richtig zu genießen.

Motivhöhe: ca. 29 cm

Oh Tannenbaum!

Der wunderschön geschmückte Weihnachtsbaum strahlt so sehr, dass die beiden Engel ihn bewundernd betrachten.

Motivhöhe: ca. 34 cm

Motivhöhe: ca. 37 cm

Bescherung!

Gespannt warten die Kinder, welche Geschenke der Nikolaus aus dem großen Sack für sie auspackt.

Die Heilige Nacht

Die Hirten gehörten zu den Ersten, die das Jesuskind in der Krippe begrüßten.
Kleben Sie die aus goldenem Tonkarton gearbeiteten Sterne, den Kometen und den Strahlenkranz an die angegebenen Stellen (siehe Vorlagenbogen).
Eine frohe Weihnacht!

Motivhöhe: ca. 40 cm